TODAS LAS ESTRUCTURAS ROTAS

TODAS LAS ESTRUCTURAS ROTAS

SANTIAGO GALÁN ÁLVAREZ

Valparaíso
EDICIONES

Número 537 de la Colección VALPARAÍSO DE POESÍA
dirigida por FEDERICO DÍAZ-GRANADOS

Diseño de colección y portada: Chari Nogales
Maquetación: Carlos Henson

Primera edición: diciembre de 2025

© De los poemas: Santiago Galán Álvarez
© Imagen de portada: Santiago Galán Álvarez

© Valparaíso Ediciones
C/ Fray Leopoldo, 7 bajo, 18014 Granada
www.valparaisoediciones.es

ISBN: 979-13-88007-16-3
Depósito Legal: GR 1611-2025

Impreso en España - *Printed in Spain*
Gráficas Gami

TODAS LAS ESTRUCTURAS ROTAS

I

SEPTIEMBRE

Nos aferramos a la línea
marcada en el calendario
                para separar
del discurrir continuo
las cosas muertas antes de comparecer
y ponerlas de nuevo en marcha

Al abrir otro compartimento
creemos en el avance,
breve olvido
de que pronto se borrarán las marcas
hasta difuminarse en el ciclo

MORTAL

En este punto ya has entendido
que tus capacidades no exceden lo mortal,
espectador, son sólo
los pocos ungidos quienes
pueden leer la obra.
Pero queda el irrebatible placer
de tocar despacio, consciente
negación de la grandeza, lenguaje
propio construido en la nota falsa,
descaro del romper lo divino
para volverlo auténtico

De un tiempo a esta parte
las cosas pierden
su dimensión de ola
pero realzan densidad
          y color,
has olvidado los rudimentos
de la gran escala pero
conoces el valor
que la pieza única concede
a sus tenues resonancias

Allana el camino
que abrirá la visita a la cuna,
aunque el desfile parezca discreto,
sabrás dónde llega el eco
de su vieja conmoción

AUSENCIA DEL FRUTO

Descubrir era morder la piel
y dejar resbalar el jugo
que ensancha el ansia,
cada bocado certeza
de que en lo lleno siempre
cabe algo más.
Hasta que llenar es sólo
prolongar la materia del aire,
el fruto que permite seguir respirando
pero ya es ausencia

Alguna vez creí rozar
la linde donde termina el desorden,
mullida, disimulada,
fuera del alcance de las manos
deformadas y ciegas.
Y del roce vendría la caricia,
de la caricia el fuerte asirse,
dulcemente, mutuamente.

Pero aún está lejos, por mucho
que su voz se escuche,
nadie puede encontrarla

Vamos cayendo,
callando en la velocidad
que quizá no nos hemos impuesto
sino que sola se precipita,
a cada uno caza
y somete a su voluntad.

Los caminos no hacen tronco,
apenas sí discurren
paralelos, indistintos
al acelerarse y perder la oportunidad
de fundir sus manos de tierra

Por qué esta realidad
escrita en ojos ajenos
adquiere nuestra piel
pero permanece distante

Por qué cuando es labrada
por uno mismo resbala
sin ser percibida

Lejano el día en que se levanten
las puertas de la distancia
contemplas
el ascenso de la edad
y fallan todos los cálculos
al faltarles el término
que completa la suma
y la erradica

Cuando ya no se sabe cuándo
los días convirtieron la eclosión
en deriva
          y encerrados
en sí mismos alcanzaron
velocidad de crucero, miras
a tu alrededor y nadie
recuerda dónde es donde
perdió el tesoro del niño

Asentar conlleva
inclinar el edificio,
un largo futuro
que labra la seguridad
sobre el ángulo de su caída

Como la casa junto
al embarcadero se pierde
todo y sigues
encontrando preciados
minerales en los resquicios
de las horas y los juegos
que te ven
pasar de puntillas y caer
discretamente

Lo fácil es
dejar que se desprenda
la imagen interior
sin hacerle preguntas,
sin que en busca de su molde
se escriba y enfrente
no ser tomada como
verdaderamente es

Lo fácil es que vuele y calle,
que pase rozando el costado
desapercibida
                y muera
plena y secreta

Pero el empeño siempre
es más fuerte, elige
para ella un futuro real

Con qué movimiento reanudar
lo que detiene a la arena
si no hay boca de reloj
que impida el paso de los granos,
fuerza de gravedad
libre acelerada hacia delante,
visión que bajo su influjo no acierta
a distinguir rosa color de rosa rosa,
palia su ansiedad en lo completo
sin conseguir replicarlo,
salvo por el encuentro fortuito
con el animal de bosque,
leve sensación de fijeza

Cada ventana nueva pronto queda
embebida en el rondel de sí misma,
el acontecimiento duplica
sus patrones como célula
ajena a la evolución
que trabaja persistente pero
no halla
un pigmento que restaure su brillo

El lenguaje se acorta hasta el olvido
de la palabra fundacional,
conocer es desconocer
y errar, lo único cierto

Desde la perspectiva doblada
sobre la curva de su futuro
dibujas otro marco idéntico
donde volcarse es seguir en pie,
seguir en pie desmoronarse
y desmoronarse, apuntalar
la evidencia de lo inalterado

Despertar y siempre
la confirmación del avance,
cristal manchado
que aún filtra los brillos al entrar
pero distorsiona los que envías
al exterior como ondas-
-corpúsculo imperceptibles.
No sabes a qué sabes
cuando estás fuera
porque ya nadie puede accederte,
te queda despertar
y siempre alimentar la masa
del sabor recibido
que será junto a lo que aportas
tu único sustento

Perder la línea
que portaba ilusión de hilo
a los momentos,
en este tiempo deshabitado
donde tanto anhelo
la presencia en los demás
como levantar la vista
hacia el ojo
por el que ya nadie mira

No he de lamentar
lo que venga tras de mí,
pues también mi tiempo
es desconocido

VALLE DEL SILENCIO

Inaccesible,
        de no ser
por el denuedo humano
que encaja la vereda entre rocas
y sube hasta encontrar
la explosión arbórea, abertura
inmensa del frío que silba sobre la cumbre

Pocos son los que descansan
en el perímetro cercado del cementerio,
afortunados, de palabra
efectivamente parca
como quienes les suceden en vida,
bajo respeto a la sabiduría milenaria
adherida a arco y muro
de la iglesia mozárabe.

Por la inclinación dominante
el mensaje transmitido al margen
del tiempo, el agua siempre.

Detenerse
como el orfebre que completa una joya
o quien ilustra pájaros,
viajar de pueblo en pueblo
por las sendas lentas
para el estudio de los frutales
Admirar la partitura antes
de verterla en el instrumento
Iniciar el anochecer
del pórtico a la ventana
con el canto de los grillos
Zafarse de la inmersión
en el movimiento y una vez
en superficie
respirar

He vuelto a vislumbrar
un sendero radiante
junto a la columna
donde se celebra lo que es
ajeno a la hora, la urgencia
vencida que deja libre
la mano vegetal
para que guíe nuestro presente continuo
hacia el pozo donde nunca
se cae

Llevo esta pila de versos
a depositarlos en el árbol
que todos reúne,
acepta en su corteza toda
métrica, idioma, condición.
Las voces de su Babel
no ocultan, realzan la forma
de la verdad que contienen:
cada uno es su interrogante
y su testamento

Tendemos a pensar
que otro escenario abriría
una fisura en el costado
y el néctar que desconocíamos guardar
manaría impregnando los dedos
con el sabor del semen reciente
que busca retornar a la piel.
Pero también el pensamiento
conoce ya su débil camino
que en cualquier lugar lo mantiene
atado a los límites del cuerpo

Para proseguir necesito
la fuente que desde su esquina
nocturna acallaba el viento,
el fuego petrificado y roto
en imposible volumen
que así protege al pájaro,
necesito la espina y la arena
ya oscura que vela
por la intimidad del abrazo,
encaje horizontal de los cuerpos
en el sueño y vertical
en la cópula, baile y carrera
con las plumas levantadas sobre
la vastedad del jable

Recibe el cuerpo
que entero, candente
aguarda la estocada,
todo él su imperfección pura,
su completo deseo,
herramienta de libre uso
macheada para servir
a su infecundo propósito

La luz amplifica la sombra,
ángulo de incidencia que convierte
mi escueto torso en el de titán

Al elevar el peso
no la débil valentía
del brazo que a duras penas
vence el desvanecimiento
sino el hito proyectado
sobre la blanca pared

Negativo de fuerza deseada
que al revelarse es tan sólo
la realidad de tu forma

Toda esta gloria murió
y desde entonces resplandece
como el monumento desenterrado
que se mantiene intacto
y guarda su poder esencial,
legendario, incuestionable
Piensas que un tiempo milagroso
fue su útero y casa natal,
cuyas piedras fueron vandalizadas
para borrar su huella y fundar
un nuevo orden, y piensas
en la mentira de ese lustro dorado
que era férreo y cruel
como cualquier tiempo,
en las cosas prohibidas,
en las abyectas rutinas
que engrasaban su maquinaria,
y aliviado celebras que en algo
hemos ido a mejor, pero también
en todo momento reconoces
que estamos aún inmersos en lo mismo,
siempre, que hoy otro discurso
impera y su puño es de idéntico hierro
quebrado ante la inmensidad catedralicia,
logos exento de auscultarse
bajo las lupas inservibles de lo inmediato,
cantar para evadir el cuerpo,
remar el largo río para oxigenarlo

Del desafío de los minutos
el tempo de la tierra y del árbol,
en ocasiones materia celeste
o cascada sumergida
en el pincel del creador de mundos,
sacerdote griego o rito
atávico que devuelve la regla
a su primera confusión,
el código al estado universal,
el ser al pleno sentido
de la mente

ENTREACTO

I
Fuera una furia
arranca las hojas y las bate
entre sí esféricas y fuertes
huecas hasta la falda extensa

II
Camisa vertical
blanca tendida
percha delgada
planta caucho
noche té

III
TELEVISOR

Preside la estancia
desde el pedestal polvoriento,
no emite
imágenes de tubo catódico

calla, desfasado
espectador
de su propio futuro

IV
Las varillas en cono
portan su fragancia
alrededor
        se amontonan
los papeles inútiles
pero la mesa es
una planicie despejada

V
Hay restos de pintura sobre el lavabo,
rojos, blancos, terrosos,
desprendidos y diseminados.
Lo que han conjurado
el azar y la física
no ha de perturbar el agua

VI
Ya te fue entregado
el cuervo de madera,
ya te observa desde la estantería,
negro, perfecto,
con la precisión que le otorga
aconsejar en silencio

VII

En nuestro balcón poblado las hojas
atesoran el agua
para que brille
en los colores de la flor
y sea carne en su fruto

Cuando lo hayas recogido
serás otra vez desarmado
por la sencillez que de ti escapa
y atrapada, te reconforta

VII

Mientras siguen creciendo
las tomateras junto a la ventana
tomas en tus manos
los inmóviles pájaros de tela
y les insuflas la sangre
que hace batir sus alas
y te devuelve la impresión de avance,
una calle posible
por donde retomar lo que ha permanecido
en punto muerto

VIII
Apura la tarde que frente a ti
se despide,
has aceptado los tallos ya secos
y pronto recogerás las sillas
donde apenas te has sentado,
el largo epílogo no altera
el sosiego del ritmo,
abrirás la calenda de sol bajo
con la misma intensidad
callada, escondida,

ésta es tu fuerza,
aquí tienes tu rincón,
lo que te pertenece

II

Hemos enterrado el mapa.
Ahora uno mira hacia el deslumbrante
vacío de la torre,
otro hacia la flor,
despliegue mudo.
Entre ambos mundos
no hay punto de intersección

Ella habla el insecto
zumba alrededor
del foco, es
contrapunto del recitar
estático
      ella
iluminada el auditorio
colmado de luz
palabra, alas, cuerpo
minúsculo ajeno a la palabra
embebido
      en la luz

Al llegar la transición del sol
al oscuro frío recibes la luz
en los dorados ecos de su muerte,
te ves establecido en el lugar
donde permanece y piensas
si no añorarías también
verla pasar para poder
sanarte en el abrazo de su vuelta

Claro u oscuro no obedecen
a la norma horaria de la luz
sino al estado de permanente discordia
del ser que sigue su camino

Una voluntad intermitente
mantiene este trabajo fútil
de crear una esencia
para penetrar en la raíz
y conocer la verdad,
pero ella misma
se camufla y se pone de espaldas
como la primavera
que no llega

De qué serviría elevar una plegaria
si ya todo se ve configurado
para que impere el frío,
olvidas poco a poco el sabor
de la tierra seca, la piel
no cubierta, un calendario
en blanco colgado
sobre los paisajes que aún viven
su ficción inacabada,
la voz de quienes no han perdido
la facultad del habla
o han aprendido a callar
cuando todos gritan

La campana era un sol perfecto,
hondo tañido vibrante
a través del aire helado y la ciudad
sumida en la noche

Ajena, alta, presente no visible
tras los ladrillos arqueados
y grueso el metal contraviniendo
la regla térmica

Huíamos hacia la protección,
quemados los labios,
la campana
            era un sol perfecto,
paso seguro, aliento
no disipado al flotar
corpóreo en el rigor terso
del invierno

Puedo llamar a los recuerdos
o darles nueva forma
para que me asistan
en la tarea de escribirme,
pero mientras haya noches
al calor de tu espalda
no he de temer por ellos

Al regresar
lo cálido y poblarse
de nuevo el follaje,
van sucediendo los nacimientos,
cada propósito traza su itinerario
y desde la madera
sigues el paso

Atrás, sobre el firme duro y agrietado
dan vueltas desorientados
quienes han perdido la fantasía

Siempre en lo oscuro
y frente a la ropa tendida,
no en la mañana que ya no
se levanta fría
sino alta y libre,
no en el cuerpo que se siente
en vigor y descubierto,
no en el mar o los anillos del árbol,
casa larga sin tiempo.
Siempre tras la jornada,
siempre en lo oscuro,
ojo convaleciente recluso
en su cuenca

Frente al telón blanco los colores
realzados, intensos, al alcance
de mi vista, convalecer
como privilegio concedido
por la línea natural,
toma la parte de energía
nunca completa en el cuerpo
y afirma su presencia

Deambulo por las estancias
sabiendo que aún pasaré días
ceñido a su perímetro,
sin conocer ansiedad ni desfallecer,
pues me acompaña desde fuera
lo que permanece sin necesitar
calma ni movimiento

De lado, la garganta
amenaza otro acceso,
                comparezco
en la tribuna estacional
que engulle la expresión del día

Entonces, al giro y encaje
completo en el similar cuerpo,
un espasmo de calma, un ardor,
un indulto momentáneo,
sanación o experiencia
breve de lo eterno

Los vencejos
rondan una y otra vez
en su incansable danza
no enteramente
circular, como si hubieran
de seducir a la media luna
para hacerla avanzar
por la noche de junio,
claridad que se resiste a caer
y no desaparece

Sobre la ensenada dibujan
las horas quietas del solsticio
un manto donde quedarse,
tendidos a piel descubierta
para encender la fuente del canto,
o ser la parte
que incite al rapsoda a prodigar
la belleza vivida,
su palabra más
que el testigo del sol tornado agua,
su verbo alto enardecido
de color, vida y espíritu.

A mi llegada los cielos
se han despejado, cambian
de inclinación las cortinas,
su esqueleto tejido se radiografía
en la pared y regresan
a lo vertical para abombarse
de nuevo como el animal que respira,
fuera es dominante
el color limpio, lo vivo
entra en reposo, pero aún
he de hacer mi equipaje

Desde la región salada,
hilo de llama quieto
sosteniendo el canto
      dorado de la oscuridad,
al bosque, familiar,
que recoge memoria y resonancia
para imprimirlas en sus hojas antes
de dejarlas caer.
De la isla imaginada sobre sus siglos
a la patente horda,
colmo del espacio, atributo
vencido por la época
que rescatas de vuelta a su ausencia,
frente a la geometría privada
que te concede el soplo.
Costura de dos planos
que confunden sus rostros,
ciudad alta, antigua, presente
acodado, en flor.
Traes el agua almacenada
para que, ya limpia, se te decante,
cimiento retrovisor de la mirada,
pilar asentado que porta tu futuro
hacia el cielo abierto

Pon en marcha el motor
del panteón secreto,
vuelve a tallar en sus cámaras
los dictados libres,
que transparentes cierren
vínculos al encontrarse
llenos inesperados vivos.
De la unión fraguada
un mensaje expedito
que se multiplique siempre,
como energía pura de agua
que resuelve la ecuación del temple

En el momento de firmar el destierro,
abatido el canon y abierta
la franja de la elección propia,
asistes a la desatada
relevancia que no ha
de observar jerarquía,
y el inmenso gusto
de apropiarse uno de lo que ya
es suyo deviene
peligro cuando ninguna respuesta
articula el sentir conforme al sentir
ajeno, no hay punto
de tangencia o área compartida
donde fortalecerse.
La jauría amenaza fuera
y dentro ya muchos también
han sucumbido al ladrido,
mientras se desdibuja la grandeza
que existe solo para el que sabe
pisar en aguas pantanosas

Hablaré del dolor celestial
o el océano eviscerado,
si es lo que debo hacer
para evadir la modernidad
Pero no he de olvidar
dónde convergen los puntos cardinales,
el polo huidizo que convierte
en música la palabra nacida

Agoniza la confianza
de recibir ofrecimiento
entre quienes te rodean,
persistes
en acentuar la llaga
donde la luz
se esconde de los falsos profetas

Podrías liderar
un conciliábulo en favor
de la gran belleza,
pero estás solo, palabra
contra un viento sordo
que se extingue en silencio

Cómo dar a entender la materia,
dédalo propio,
captar un fogonazo débil
y restaurar su fuerza,

del trazo inseguro
al corazón recipiente
como exacta acupuntura.

Cómo seducir a quienes
confusos de tanto sentido
perdieron su música,
sino por la certeza del árbol
y el mineral que oculto
cristaliza

No dispongo de más argumento
para domar la balanza,
sea pues desapercibido
como alcance el siempre cierto
mensaje del silencio

Mi herencia es varón y ave,
un firmamento tallado
en la cúpula de palacio,
melodía inmensa que no declina

Ha de pasar
de mis manos a las manos
del próximo receptor,
que es uno, que son todos

En mis ojos hay un prado
sediento de palabras verdaderas,
en mis manos un vientre
que alumbra lo preciso,
en mi boca el deseo de todos
por escuchar y ser abiertos
a traspasar su era,
invitados a desechar la linfa contaminada
que ciega sus lenguas de presente
y escribe contra sus pensamientos.
En mis pies hay una ruta
que ha de ser revelada
para alcanzar, juntos,
el corazón de lo eterno

Me preguntaste qué vendría después
si el después ya es perpetuo,
dije yo que sabría cuándo llegue
lo que haya de llegar, conforme
quizás con no
quedar cerrado mientras
la rueda se repite

En la antesala de la medición nueva,
dígito que sigue adelante
el sentido único de su secuencia,
azuzado por la rienda ancha
que talla el inmenso color del mundo,
y la amenaza ya próxima
con que el tiempo ordinario
tapia los ventanales
                    cierra
respiraderos y nos hace
tan, tan pequeños

Vivir, continuo balance
entre lo ya perdido
y lo felizmente pasado,
boceto de la imagen venidera
que detalla sus trazos a capricho
bajo la rótula de los augures

Cómo tener certeza
de que corresponde la mirada
a la temperatura de su momento,
cómo medrar, inalterados
sino por la azalea o el mármol
que bailan sincopados
en el recuadro dulce de la boca

Todas las estructuras rotas,
todos rearmando pedazos,
eligiendo cada uno
las teselas de su mosaico

casan difícilmente los tonos
con los de tus vecinos
y así, sin embargo
nos sostenemos

De estas palabras
a la etapa que en relevo
se abre
sobre las estancias amplias,
vivaces flores plantadas con esmero, altas
como el núcleo que las sustenta,
dorado y fuerte, robustecido
a través de los años
recibe uno más
en la serena fortuna
de la compañía

El tiempo sigue
anudándonos
       y celebramos
que alrededor de su línea
has completado otra vuelta
y estás aquí,
las alas desplegadas
sobre la curva que conmigo
recorre la trenza hacia el futuro

ÍNDICE

ENTREACTO

II